総本山第六十八世　御法主日如上人猊下御染筆

― 宗祖日蓮大聖人御聖誕八百年記念 ―

御法主日如上人猊下御指南抄

折伏はだれでもできる！

はじめに

御法主日如上人猊下から賜った、令和三年・宗祖日蓮大聖人御聖誕八百年における法華講員八十万人体勢構築との御命題に対し、全国の日蓮正宗僧俗は折伏・育成に勇往邁進して、見事に成就いたしました。このことは、未来広布の礎（いしずえ）として、宗門の歴史に長く刻まれることでしょう。

年が改まり、新たな段階の第一歩を踏み出した本宗僧俗にとって今、さらなる令法久住（りょうぼうくじゅう）・広宣流布の前進を期し、また一人ひとりの一生成仏を目指して、一層堅固な信行を積み重ねていくことが極めて重要です。

本書には、御法主上人の御講義や折に触れて賜ったお言葉のなかから、特に折伏と育成についての御指南を抄録しました。

読者各位には、この御指南を熟読玩味（がんみ）して仏道修行の支えとし、これからも折伏弘通、同志の育成に邁進されますことを念願いたします。

令和四年二月十六日

大日蓮出版

目次

凡　例

一、本書は『大日蓮』誌に掲載された、総本山第六十八世御法主日如上人猊下の御指南のなかから、折伏・育成に関するものを抄録したものである。

一、各項の題は編集者がつけた。また読者の便宜のため、ルビ等を加筆した。

一、各項末には、御指南がなされた行事名と、『大日蓮』の掲載号およびページ数を記した。

一、本書に使用した略称は次のとおり。

御　書　―　平成新編日蓮大聖人御書（大石寺版）
法華経　―　新編妙法蓮華経並開結（大石寺版）
御書文段　―　日寛上人御書文段（大石寺版）

一、仏様の意にかなう信心

久遠元初の御本仏宗祖日蓮大聖人が末法に御出現あそばされ、宗旨を御建立あそばされた理由は、『諌暁八幡抄』に、

「今日蓮は去ぬる建長五年癸丑四月廿八日より、今弘安三年太歳庚辰十二月にいたるまで二十八年が間又他事なし。只妙法蓮華経の七字五字を日本国の一切衆生の口に入れんとはげむ計りなり。此即ち母の赤子の口に乳を入れんとはげむ慈悲なり」（御書一五三九ページ）

と仰せられている如く、御本仏としての大慈大悲をもって、末法の一切衆生をして「妙法蓮華経の七字五字」を唱えせしめ、もって即身成仏の本懐を得せしめ給うためであります。

また『報恩抄』には、

「日蓮が慈悲曠大ならば南無妙法蓮華経は万年の外未来までもながるべし。日本国の一切衆生の盲目をひらける功徳あり。無間地獄の道をふさぎぬ。此の功徳は伝教・天台に

も超へ、竜樹・迦葉にもすぐれたり」（同一〇三六ページ）

と仰せであります。すなわち、南無妙法蓮華経の広大なる功徳は、ただ御在世のみに止まらず、末法万年、尽未来際に至るまでにも及び、一切衆生を救済あそばされるのであります。また、この御文中、「日本国の一切衆生の盲目をひらける功徳あり」と仰せでありますが、その元意は日本のみに止まらず、全世界、一閻浮提の一切衆生を指しているのであります。つまり、大聖人様の仏法は全世界、一閻浮提の一切衆生を末法万年、尽未来際に至るまで救済あそばされるところの大法であります。

そもそも、仏様は御自分お一人だけが悟りを開かれて満足するために、この世に御出現あそばされたわけではなく、一切衆生を救済あそばされるために、この世に御出現あそばされたのであります。

したがって、その仏様の心を心として、仏様の意にかなう信心をしてゆくところに我らの仏道修行の本意が存し、我らの即身成仏につながることになるのであります。
反対に、仏様の意にかなわなければ、いくら信心をしていても即身成仏の本懐はかなわないということになるのであります。

では、大聖人様の御意にかなう正しい信心とは、いかなる信心か。結論的に言えば、大聖人様の御化導の御正意を正しく拝し、身軽法重、死身弘法の精神をもって一意専心、大聖人が御遺命あそばされた広宣流布を、身をもって実現していくことが大聖人のお心にかなう最善の信心であります。

大聖人様は『種々御振舞御書』に、

「法華経の肝心、諸仏の眼目たる妙法蓮華経の五字、末法の始めに一閻浮提にひろまらせ給ふべき瑞相に日蓮さきがけしたり。わたうども二陣三陣つゞきて、迦葉・阿難にも勝れ、天台・伝教にもこへよかし」（同一〇五七ページ）

と仰せであります。

大聖人様の御一代の御化導の御正意は末法の一切衆生救済にあり、御自ら身軽法重、死身弘法のお振る舞いをもってその範を示され、もって「わたうども二陣三陣つゞきて、迦葉・阿難にも勝れ、天台・伝教にもこへよかし」と仰せられているのであります。まさしく、御本仏大聖人のお振る舞いを拝するとき、我ら一同、敢然としてそのあとに続き、折伏逆化の闘いに挑んでいかなければならないのであります。

〔四月度広布唱題会・平成二十年五月号81ページ〕

二、折伏をする理由

私達が折伏をして謗法を破折するのは、この謗法こそが不幸の根源であるからであります。つまり、大聖人様の教えを正しく行じていくためには、なんと言っても謗法厳誡ということが大事であります。

宗門でも受持信行とか折伏正規など、色々な大事なことが説かれますが、そのなかで謗法厳誡ということも、厳しく教えられておるのです。

謗法があれば、どういうことになるか。結局、不幸の根源は謗法であり、知らず知らずのうちに謗法を犯すこともありえますから、我々は気をつけなければいけないのです。

『曽谷殿御返事』には、

「うるし千ばいに蟹の足一つ入れたらんが如し」（御書一〇四〇ジペー）

と、謗法があると、漆千杯に蟹の足を一つ入れたようなものだと言うのです。

少しぐらいの謗法ならばいいだろうというように考える人は、このなかにはいないと思うけれども、絶対に謗法はだめなのです。謗法は厳誡なのです。「うるし千ばいに蟹の足一つ入れたらんが如し」で、その漆が全部だめになってしまうようなことになるのだから、謗法は厳しく破折しなければなりません。それを我々の常々の仏道修行のなかでも、本当に心掛けていかなければならないのです。

（夏期講習会第三期・平成三十年九月号22ジペー）

三、間違った教えで幸せになった人はいない

私どもの信心にとって大事なことが三つありまして、一つ目は「受持正行」、要するに南無妙法蓮華経を受け持つことです。受持・読・誦・解説・書写という五種の修行があるのですが、それらは全部、受持の一行に具わるのです。この受持というのは、

「信力の故に受け、念力の故に持つ」

と言うように、信念力によって御本尊をしっかりと受け持つことであります。

次が「謗法厳誡」で、これは謗法を絶対にしてはいけないということです。

三番目が「折伏正規」で、摂受と折伏があるけれども、やはり折伏をしなければいけないということです。そして今言った通り、折伏は慈悲行ですから、けんか腰になるのではなく、慈悲の心を持って、よく話してごらんなさい。そうすると必ず、いつか相手も気づくのです。けんかをしてしまうとだめです。だから、そのつもりで頑張ってもらいたいと思います。

要するに、謗法を恐れなければならないのです。正しい教えで幸せになった人はたくさんいるけれども、間違った教えで幸せになった人は一人もいないのです。この辺を我々は、よく認識しておかなければならないと思います。

〔中之坊本堂新築落慶法要・平成三十年四月号36ページ〕

四、みんなで折伏に立ち上がる

やはり、折伏ということは一番大事であります。

大聖人様の御出現の意味は、一天皆帰妙法広宣流布、すべての人にこの妙法を信じさせることであり、その御意を汲んで、今、私達は折伏しているのです。

自分だけの信心は爾前権教の信心と同じであり、それでは成仏できません。やはり、自行化他にわたる信心が大事であります。

また、自分だけで折伏のすべてをしなくてもいいのではないかと思います。お寺に連れていき、御住職あるいは同志の方、講頭さんや婦人部長さん、青年部長さんなどに協力をお願いするような活動があってもいいのです。自分がなんでも全部、行うというのは大変ですが、みんなの力を合わせていけばできるでしょう。まずは、一人ひとりが必ず折伏に立ち上がることが大切です。

お寺に連れてきて、お話を住職や講頭さんにお願いするのも、立派な折伏です。まさに大聖人様が、

「一文一句なりともかたらせ給ふべし」（御書六六八ジペー）

とおっしゃる通り、信心の話を聞いてもらうために「お寺に行こう」とお誘いするのでもいいのです。そうして、みんなが本当に折伏に立ち上がっていけば（中略）必ず達成できると思います。

先程も言いましたが、小さいお子さんなどは、折伏に出向くことはできませんよね。だから、皆さん方が折伏に出掛けている間、お子さんやお孫さん達が、おうちで留守番や電話番

をすることになるでしょう。お父さん、お母さんが折伏に出ている間、おうちを守ってくださるのですから、これも立派に折伏に参加していることになると思います。ですから、小さいお子さんが留守番をしてくれたら、帰った時に大いに褒めてあげてください。そういったことが、一家和楽の信心につながっていくのであります。

そのようにして、すべての老若男女、家中の人が異体同心の団結をし、折伏に参加して、家族愛をもって御奉公に励んでいくことが、大聖人様の御嘉納あそばされるところではないでしょうか。このことは普段から指導教師の方々から重々、聞いていらっしゃると思いますけれども、今日また改めて、そのことを心肝に染め、しっかりと（中略）御精進いただきたいと思います。

〔夏期講習会第三期・令和元年九月号45ジペー〕

五、だれでも折伏はできる

仏法においては信心がすべてなのです。信心が出発点であり、また信心が終着点なのであって、この信心がなければだめなのです。「一信、二行、三学」という言葉もあるように、信ずることが一番先であり、信がすべての根本なのです。ですから我々も、まず信がしっかりしていないとだめなのです。

では、信心とはなんでしょうか。これは、まず朝夕の勤行から始まるのです。勤行もしていなければ、信心は語れませんし、折伏もできません。やはり、しっかりと朝夕の勤行をしていくことが信心の基本です。そして、その上に行体や学問というものが成り立ってくるのでありますから、是非、信ということをしっかり念頭に置いてもらいたいと思います。

さらに、勤行だけではなくして折伏も大事です。この自行と化他がきちんとそろっていないといけないのです。御書に、

「一文一句なりともかたらせ給ふべし」(御書六六八ジペー)

とあるのですから、「私には難しくて折伏はできない」などと言ってはいけません。たとえ一文一句なりとも、折伏するのです。それは、相手に向かって「この信心をしてみませんか」と言葉を発するところから始まります。また、同志の人にお寺に来てもらう場合でも、あるいは連れていく場合でも、やさしく声を掛けていくことが大切です。

折伏というと、何か構えてしまって、鎧兜を着けたようになってしまう人もいるのですが、そうではないのです。折伏は、その人を救うのだから、慈悲の心がこちら側になければだめなのです。もちろん、邪義邪宗に対しては厳しく破折しますが、その根本は慈悲なのですから、これを忘れてはならないのです。

だから、だれでも折伏はできるのです。ただ、しないだけです。折伏をしなければ、いくらお題目を唱えていても、自行化他の信心の片一方が欠けてしまい、自行化他の信心がそろわないことになります。だから、大聖人様は「一文一句なりともかたらせ給ふべし」とおっしゃっているのです。これを実践して初めて、大きな功徳を招来することができるのであります。

『法蓮抄』にも、

「信なくして此の経を行ぜんは手なくして宝山に入り、足なくして千里の道を企つるがごとし」(同八一四ページ)

とおっしゃって、仏法にとって、いかに信が大事であるかを御教示あそばされているのであります。

(夏期講習会第四期・平成三十年十月号39ページ)

六、真の幸せと平和のために

今、国内外の状況は混沌として解決の糸口さえも見えず、出口がないままに、その迷走ぶりはますます度を増すばかりであります。

では、このような混乱の根本原因は何かと言えば、大聖人様は『諸経と法華経と難易の事』に、

「仏法やうやく顛倒しければ世間も又濁乱せり。仏法は体のごとし、世間はかげのごと

し。体曲がれば影なゝめなり」(御書一四六九ページ)

と仰せであります。

すなわち、仏法が顛倒しているから人心が濁り、世の中が乱れるのであります。「顛倒」とは、正しいものの見方、在り方の反対を言いまして、正しい理に反すること。真理に違うこと。是を非とし、非を是とすること。逆さまな考え。道理に背いた誤った考えのことであります。

仏法が顛倒するとは、正しい教えに背き、正と邪が逆さまになって、邪義邪宗の間違った教えが横行することであります。その結果、間違った教えによって人心が濁り、人心が濁れるから世間が乱れることになるのであります。(中略)

同じ仏法であっても、邪義邪宗の間違った教えに従っていたのでは、幸せを築くことはできません。言い換えれば、世の中の混乱と不幸の原因は、間違った教え、間違った考え、すなわち『ニセ本尊』をばらまく池田創価学会などの邪義邪宗の害毒によるのであります。したがって、この害毒を取り除かなければ真の幸せと平和は絶対に訪れてこないのであります。

故に『立正安国論』のなかには、

「早く天下の静謐を思はゞ須く国中の謗法を断つべし」（同二四七ジペー）

と仰せであります。

謗法を断ち、謗法の害毒を取り除く方法とは何かと言えば、それは申すまでもなく折伏であります。折伏によって謗法を断ち、謗法の害毒を取り除く以外に解決の道はないのでありま す。折伏は一切衆生救済の最善の慈悲行であります。

〔唱題行（一月十八日）・平成二十一年三月号27ジペー〕

七、自分一人だけの幸せは存在しない

世の中に一人だけの幸せというのは存在しないのです。みんなが不幸ななかで、自分一人だけが幸せということはないのです。何かしらの影響を受けて、自分は幸せなつもりでいても、結局、泥沼に入ることになってしまうのです。それをきちんと整理整頓して法を立てて

いくところに、自分達の信心があるのです。

今の御文に「速やかに対治を廻らして早く泰平を致し、先づ生前を安んじ更に没後を扶けん」とありますが、これは、間違った法を信じている人に対して正しい法を教えていかなければだめだ、間違いを間違いであると厳しい決断を下して、それを相手に教えてあげなければだめだということです。

章安大師の、

「慈無くして詐り親しむは即ち是彼が怨なり」(御書九〇六ジペー等)

という言葉がありますが、慈悲の心を持たずに、上っ面だけ付き合っているというのでは折伏になりません。折伏は、やはり心から「この人を救ってあげたい」という慈悲の心の上から、きちんと「あなたの間違った信仰は不幸になりますよ」と言わなければだめなのです。

ただし、これは先程も言った通り、けんか腰であってはいけません。やはり、柔らかい言葉、柔らかい笑顔で、丁寧に言って差し上げることが大切です。たとえ、その時には反対しても、必ずそれが縁となって信心をするようになるのであります。だから、ただ自分一人が信ずるのみではなく、他の人達の誤りを正してあげて、救っていくことが大事なのだと仰せなのであります。

〔中之坊本堂新築落慶法要・平成三十年四月号46ジペー〕

八、考えているだけではだめ

即身成仏（そくしんじょうぶつ）の義は法華経（ほけきょう）によって立てられた、まことに大事な法門でありますが、この法華経で説くところの即身成仏は、まさしく妙法蓮華経の経力（きょうりき）によるものであります。この妙法蓮華経の経力によって、十界の衆生（しゅじょう）それぞれの者が、当体を改めずに成仏がかなえられると説かれているわけであります。

これを今日（こんにち）的に言うならば、まさに本門戒壇（かいだん）の大御本尊を至心（ししん）に信ずることによって、我々は、いかなる者であったとしても、必ず即身成仏がかなうのであります。だけれども、一つだけ条件があります。それは、信心がなければ成仏はかないません。この信心が最も大事なところであります。

頭のなかでは解っていても、それが身体として動かなければだめなのです。例えば、朝夕の勤行が尊い、すばらしいと思っていても、実際に勤行をしなければだめです。

折伏も同じです。折伏の功徳は極めて大きい。けれども、頭で考えていただけでは理の仏法であって、私達はそれを行ずることによって初めて、その大きな功徳を実際に頂戴することができるのです。

ですから、理と事の違いをしっかりと見極めて、朝夕の勤行、そして日々の折伏を行じていく、つまり自行化他の信心に励んでいくことが非常に大事なのです。

本門戒壇の大御本尊を至心に信じ、自行化他の仏道修行をすることによって、我々の即身成仏がかなうのです。このことは、一人ひとりがよくよく銘記しなければなりません。つまり、大聖人様の仏法は理の仏法ではなく、事の仏法であり、この事を事に行ずるところが事行の一念三千でありますから、これを行じていくところに大きな意味が存するのであります。

〔夏期講習会第三期・平成二十八年九月号25ページ〕

九、信心とは折伏なり

今、不幸な方々がたくさんいる世の中で、法華講は何をすべきか。戒壇の大御本尊様を信じなくなってしまった、創価学会の哀れな姿を見てください。この学会員を救っていけるのは、我々だけなのであります。我々の責任において、すべて救っていかなければなりません。

そこに我々の、今生に生を受けて、大聖人様の仏法に巡り値えた生きがいを感じるのではないでしょうか。生きがいのない、だらだらとした人生はもったいない。尽くすならば、我が一生を御法のために尽くしていくことこそ、価値ある人生ではありませんか。（中略）

我々から折伏を取ってしまったら何も残りません。大聖人様の御遺命は、一天四海皆帰妙法広宣流布なのであります。その御遺命を果たしていく具体的な戦いこそ、折伏ではないでしょうか。

私は、師匠であった観妙院日慈上人から「信心とは折伏なり」と教わりました。

まさしく、私もそのように思います。我々、日蓮正宗は折伏の集団であります。つまり、世の中を良くし、人々を幸せにしていく集団なのです。


（法華講講頭会・平成二十七年四月号52ページ）

十、折伏を忘れて成仏はできない

私どもの信心は、自行化他にわたるものでなければなりません。自行ばかりで、折伏を忘れた信心は、御本仏の御意に反します。

したがって、大聖人様は『南条兵衛七郎殿御書』に、

「いかなる大善をつくり、法華経を千万部書写し、一念三千の観道を得たる人なりとも、法華経のかたきをだにもせめざれば得道ありがたし」（御書三二二ページ）

と、法華経の敵を責める、つまり折伏をしなければ「得道ありがたし」、成仏得道はないぞと、厳しくおっしゃっておられます。

また『聖愚問答抄』には、

「今の世は濁世なり、人の情もひがみゆがんで権教謗法のみ多ければ正法弘まりがたし。此の時は読誦・書写の修行も観念・工夫・修練も無用なり。只折伏を行じて力あらば威勢を以て謗法をくだき、又法門を以ても邪義を責めよとなり」（同四〇三ページ）

と、我々の普段の信心において、折伏を忘れては成仏できないとおっしゃっているのであります。

さらに『如説修行抄』には、

「今の時は権教即実教の敵と成る。一乗流布の代の時は権教有って敵と成る。まぎらはしくば実教より之を責むべし。是を摂折の修行の中には法華折伏と申すなり」

（同六七二ページ）

と仰せであります。

まさに天台大師が、

「法華折伏破権門理」（同ページ等）

と仰せの通り、我々の修行は折伏であり、折伏をもって邪義邪宗を破折して多くの人を救っていくところに、私達の信心の行体・行儀があるのであります。

〔夏期講習会第四期・令和元年十月号49ページ〕

十一、動けば必ず智慧が湧く

このなかで折伏の方法が解らないという人がいたら、もちろん、そのような方々は今日はおいでになっていないと思いますが、そういった心配事があるとすれば、何はともあれ動いてください。折伏はこうやったら絶対にうまくいくというような秘訣はないのでありますから、まず立ち上がって動くことであります。折伏に打って出ることであります。動けば必ず智慧が湧きます。難敵に対しても、どのような人に対しても、どうしたら折伏できるか、それを失敗からも必ず学ぶことができます。だから失敗を恐れずに、まず動くことです。まず折伏に立ち上がることであります。

しかし、動かなければ智慧も湧いてきません。例えば朝夕の勤行でも、思っただけではなんの役にも立ちません。もちろん功徳もいただけません。自分自身も変わることはありません。動かなければ何も起きないのであります。

〔講頭副講頭指導会・平成二十一年九月号39ジペー〕

十二、きちんと折伏する

例えば、邪宗邪義のお札などを持っていたならば、それはきちんと取り払わなければだめです。それを持っていたまま、お題目を唱えてもだめでしょう。そういうことを、きちんと言うのが折伏なのです。

そう言うと、なかなか入信しないだろうと思うかも知れないけれども、逆です。しっかり、はっきり言って差し上げたほうが、必ず良くなるのです。その時は色々と大変かも知れませんけれども、必ずあとで感謝されます。むしろ言わないほうが、本当にその人にとって不幸です。言われなかった人も不幸だし、言わなかった人も不幸になるのです。折伏というのは、そういうものです。

だから、きちんと宗門には謗法厳誡という信心の在り方があるのですから、少しぐらい謗法があってもいいのではないかというような考えで折伏していては、絶対にだめなのです。本宗において折伏を正規とするというのは「こっちの水は甘いぞ」と言うだけではいけないのであり、必ず間違っているところを指摘しなければいけません。不幸の原因は謗法にあり、その謗法を捨てなければだめだと言わなければいけないのであります。

もし、折伏の時に「ああ、お札を持ったままでもいいですよ」などと言ったならば、とんでもないことになってしまいます。まさに、これは謗法です。そういう折伏をしても、その人は絶対に育ちません。

もちろん、厳しく折伏する時には色々な問題が起きることもあるでしょう。抵抗してくることもあるかも知れません。けれども最終的に、その人が謗法を犯(おか)したまま信心するようであれば、その人が不幸になるばかりでありません。折伏した人に責任があるのですから、我々の罪にもなってしまうのです。それではだめです。そのようなことは、大聖人様は、けっしてお許しになっていないのです。

言葉は柔(やわ)らかく、慈悲の心をもって接するならば、それが必ず相手に伝わります。そして、きちんと優しく、こうしなさい、ああしなさい、謗法はなぜ怖いのかということを説明して差し上げればいいのです。そういったことが、これから我々が折伏においてなすべき大事な心構えであると思います。


〔夏期講習会第五期・平成二十九年十一月号49ジペー〕

十三、一生懸命な言葉は、きちんと通じる

私達も色々な人に接することがあるでしょう。そのうちの、どんな人にでも必ず仏性（ぶっしょう）があるのであり、その仏性があるかぎり、私達の折伏（しゃくぶく）によって、どんな人でも必ず救われるのです。だから我々自身が、そういう確信を持って折伏すればいいのです。そうすると、相手に伝わる波長が全然、違いますよ。

人間は不思議なもので、我々にだって、その人が真剣に話しているのか、嘘（うそ）っぱちを言ってるのか、いい加減に言っているのか、そのぐらい判（わか）る能力はありますよね。だから、折伏の時もそうなのです。私達が本当に相手のことを思って、一生懸命に言葉を伝えていくと、それはきちんと通じるのです。

ところが、こちらがお題目を唱えてない、本気になって折伏しようとしていない、まあ言われるから、仕方がないからやっているというような気持ちでいると、相手にはみんな判っ

てしまいます。だから、やはり折伏の前に唱題をするのです。しっかりとお題目を唱えて、その唱題の功徳と歓喜をもって折伏に行ってごらんなさい。自然に私達の真心が相手に伝わります。相手がどんな人間であっても、そのように必ず伝わっていくのです。だから、折伏においても真心が非常に大事です。〔直唱寺移転新築落慶法要・平成二十九年四月号22ジペー〕

十四、根気よく折伏することが大事

十界互具ですから、地獄の者のなかにも仏界があるのです。そのように、いかなる者でも、仏性が内在しているのでありますから、縁によってその仏性が開かれれば、必ず成仏するのであります。

これは、私達が折伏をする時に極めて大事なことです。折伏をしていて、相手があんまり言うことを聞かないと「あの人は、いくら言ってもだめだ」などと言って、諦めてしまう人はいないでしょうか。このなかにはそのような方はいらっしゃらないと思うけれども、そのようなことを思ってはだめなのです。どのような人でも仏性はあるのだから、やはり根気よく折伏することが大事です。

このなかにも、本当に何年もかかって、ようやく入信なさった方もいらっしゃるのではないかと思います。また皆さん方も、一年、二年、三年とかけて折伏していらっしゃる方、そういったお相手が実際にいるのではないでしょうか。みんな十界互具であり、どんな人にも仏性があるのですから、私達が根気よく折伏をしていくことが大事であります。

だいたい折伏は、わずかな時間のうちに「やってみませんか」「やってみます」などというような軽いものではないでしょう。もし、そういう人がいたとしても、信心が続かないでしょう。だから、私達はしっかりと法を説いていかなければなりません。それには、本当に時間がかかります。それほど丁寧（ていねい）に折伏をしていかないと、信心をしても一人前にならないのです。やはり、相手を折伏することは、また自分をも折伏していることとなりますので、折伏は最高の仏道修行なのだと言われるのであります。〔夏期講習会第四期・平成二十九年十月号36ページ〕

十五、祈って行う折伏は力がある

我々の一人ひとりの折伏は、小さなことに感じるかも知れません。しかし、みんなで折伏すれば、大きく変わるはずです。つまり、我々一人ひとりの折伏は、手を抜いてはだめなのです。この一人ひとりの折伏こそが、大きな力になっていくのです。

「私一人ぐらいいやらなくてもいい」というような考えは、皆さん方にはないと思いますけれども、もし仮りにそのように考えていたならば間違いであり、逆なのです。「一文一句なりともかたらせ給ふべし」というのが、大聖人様のお言葉です。たとえ一文一句なりとも、折伏をしていくことが大事なのです。

折伏は、けんかではなく相手を救いに行くのですから、お題目をしっかり唱えていないとだめです。お題目をしっかり唱えていると、言葉も態度も自然に、きちんと仏様が調えてくださるのです。

ところが、お題目をしっかり唱えていないと、途中でけんかになってしまうのです。「こんなに言ってるのに解（わか）らないか」などと言ったら、相手だって怒ってしまいますよね。これは、やはり慈悲がないからです。

普段から朝夕（ちょうせき）の勤行（ごんぎょう）をし、お題目をしっかり唱えていくと、命が違ってくるのです。そのお題目を唱えた命で折伏してごらんなさい。言葉は柔（やわ）らかくても、しっかりと御本尊様に祈ってする折伏は力があるのです。仏様のお力が具（そな）わるのであり、そのため相手もまた、納得してくださるのです。

やはり一人ひとりが、しっかりと「相手を本当に救っていこう」「幸せになってもらいたい」「一緒にお題目を唱えていこう」という慈悲の心を忘れずに、折伏することが大事ではないかと思います。

〈法顕寺板御本尊入仏法要・平成三十年三月号38ジペー〉

十六、普段の努力こそ大事

修行とは行を修めることでありますが、それは精神を鍛え、学問・技術を身につけ、行いを立派にすることであります。

『大智度論』のなかに、

「梯（はしご）によって初桄（はしごの最初の横木）より漸く上る、上処は高しと雖も、難しと雖も、亦能く至ることを得」

とあります。

この言葉の通り、我々の修行は日々、一歩一歩、確実に歩んでいくことが肝要であります。

こうした普段からの弛まぬ努力があってこそ、大事を成就することができるのであります。

「一粒万倍(いちりゅうまんばい)」という言葉がありますが、これは一粒(ひとつぶ)の種が万倍となって稲穂のように実(みの)るという意味から、わずかなものが非常に大きく成長することの譬(たと)えであります。つまり、わずかでも努力を積み重ねていけば、やがてその努力が実り、大きな力となっていくということであります。

こうした普段の努力こそ大事でありまして、普段の努力なくして勝利はなく、成功もありません。修行とは努力することであって、その意味においては、修行と努力は本質的には一緒だと思います。

ラグビーの日本代表監督の言葉のなかに「日常生活でいい判断ができないやつに、グラウンドでいい判断ができるわけがない」と、このように言ったということであります。私もそうだと思います。

普段から懈怠(けだい)なく努力を重ね、まじめに仏道修行に励み、自分を鍛えていくことが大事でありまして、普段の生活が放逸(ほういつ)にして惰性(だせい)に流れ、やる気もなく、真剣に物事に取り組んでいこうとしない者が、いざ大事な時に臨んで戦えるかといったら、それは戦えません。一丈(いちじょう)

の堀を越えられぬ者が、十丈、二十丈の堀を越えられるわけがない道理と同じであります。
だから、大言壮語して、いざという時になると全く役立たずであってはなりません。

〔富士学林大学科卒業式・平成二十五年四月号44ページ〕

十七、自行若し満つれば必ず化他有り

末法の題目は正像二時の自行の題目と異なり、自行化他にわたる題目であります。故に『三大秘法抄』には、

「題目とは二意有り。所謂正像と末法となり。正法には天親菩薩・竜樹菩薩、題目を唱へさせ給ひしかども、自行計りにして唱へてさて止みぬ。像法には南岳・天台等は南無妙法蓮華経と唱へ給ひて、自行の為にして広く化他の為に説かず。是理行の題目なり。末法に入って今日蓮が唱ふる所の題目は前代に異なり、自行化他に亘りて南無妙法蓮華

経なり」（御書一五九四ページ）

と仰せであります。

すなわち、末法の題目は自行化他にわたるもので、自らも救い、他をも救わんとするものであります。

つまり、自行の題目とは唱題行であり、化他の題目とは折伏行であります。唱題と折伏は一体のものであり、信心を根本とした唱題こそが折伏の源泉となるのであります。この故に日寛上人は『観心本尊抄文段』に、

「自行若し満つれば必ず化他有り。化他は即ち是れ慈悲なり」（御書文段二一九ページ）

と、唱題行の功徳が満ちるところに、必ず折伏の実践が伴うことを御指南あそばされています。

されば、くれぐれも大事なことは、唱題も折伏も一体であり、唱題行が、ただ唱題行だけに終わるのではなくして、その功徳と歓喜をもって折伏を行ずることが最も大事なのであります。唱題だけでは自行化他にわたる事の題目にならず、ややもすれば正法・像法の理の題

目になずんでしまいかねないからであります。（中略）

　一人ひとりがしっかりと唱題に励み、折伏を行じ、自行化他の信心に住し、もって本年の誓願を必ず達成するよう、仏祖三宝尊の御宝前に誓い、広布の大願を目指して勇猛精進していただきたいと思います。

　特に、現今の混沌とした国内外の世相を見るとき、我々大聖人様の弟子檀那は憂国の士となって、世のため、人のため、「身軽法重・死身弘法」の御聖訓を体し、我が身を呈して仏国土実現へ向けて尽力していくことが肝要であろうと存じます。

「槿花一日の栄」に囚われて、今なすべきことをなさずにいることほど愚かなことはありません。

　どうぞ、各位には受け難き人界に生を受け、値い難き仏法に値い奉り、御本仏の弟子檀那となった深い因縁を心に刻み、この日本を救い、世界を救い、真の世界平和実現を目指して、いよいよ御精進くださることを心から念じ、本日の挨拶といたします。


〔一月度広布唱題会・平成二十二年二月号44ページ〕

十八、折伏せざる罰・行ずる大功徳

『如説修行抄』には、この折伏をしない者を指して、

「法華経修行の時を失ふべき物怪にあらずや」（御書六七三ページ）

とまで仰せられ、『阿仏房尼御前御返事』には、

「眼耳の二徳忽ちに破れて大無慈悲なり」（同九〇六ページ）

と仰せられて、たとえ信心をしていたとしても、謗法をも責めず、折伏を行じない者を厳しく断破あそばされているのであります。

しかし、これほどまでに大聖人様が折伏をしない者に対して厳しく仰せられているのは、逆に言えば、折伏を行ずる者の功徳がいかに大きいかをお示しあそばされているにほかなりません。

すなわち、大聖人様は『四信五品抄』のなかで、

「罰を以て徳を惟ふに我が門人等は福過十号疑ひ無き者なり」（同一一一五ページ）

と、このように仰せであります。「罰を以て徳を惟ふに」と仰せられることは、自分一人だけの利己的信心に執着をして折伏を行じない者は「いかなる智人善人なれども必ず無間地獄に堕つべし」とあるように、まことに厳しい罰を受けることになりますが、逆説的に、それはそのまま、折伏を行ずる者の功徳の大きさを示し、その功徳はまさに「福過十号疑ひ無き者なり」と仰せあそばされているのであります。

〔法華講連合会第四十三回総会・平成十八年六月号68ページ〕

十九、折伏した人も、された人も幸せになる

大聖人様の仏法は、一人ひとりの幸せを、そしてまた一人ひとりの幸せから多くの人の幸せに、つまり点から線、線から面へ広がっていく、いわゆる広宣流布を目指していく仏法で

あります。

ですから、まず折伏（しゃくぶく）をすると、折伏された人が幸せになります。同時に、折伏した人も幸せになれるのです。過去遠々劫（おんのんごう）の様々な罪障（ざいしょう）、これが折伏によってみんな消えていくのです。

折伏によって人を救うということは、仏様のなされることを、今、我々が仰せつかって行っているのでありますから、言うなれば仏様のお手伝いをしているということなのです。このことにはすばらしい功徳（くどく）がありまして、折伏によって多くの人達を救うことは即（そく）、自分自身の過去遠々劫の罪障を消滅していくことになるのであります。

ですから、折伏による功徳というものをしっかりとかみ締めて、是非（ぜひ）、講頭さんをはじめ講中の皆さんが、このすばらしい信仰の功徳を体験してもらいたいのです。体験することによって、ますます折伏の意欲、あるいは育成の意欲、広宣流布の意欲というものが必ず生まれてくるのです。

〔法華講講頭会・平成二十四年五月号46ページ〕

二十、先祖や子孫にも功徳は及ぶ

「悪の中の大悪は我が身に其の苦をうくるのみならず、子と孫と末七代までもかゝり候ひけるなり。善の中の大善も又々かくのごとし」（御書一三七七ページ）と仰せのように、悪のなかの大悪は、その罪の報いを我が身に受けるだけでなく、子と孫と七代の子孫にまでも及ぶのです。また逆に、善のなかの大善も同じだとおっしゃっております。

だから私達が今、本当に一生懸命にお題目を唱えて成仏の境界を築くことは、己れ一代だけではなくして、子々孫々にまで功徳が行き渡るのであり、さらに上七代の先祖にも供養することができるのです。したがって、今日の私達の信心の姿勢が、いかに大事であるかということをお示しなのであります。

だから改めて「自身仏にならずしては父母をだにもすくいがたし。いわうや他人をや」という御文を、よくよく我々は拝していかなければならないと思います。

我々自身がお題目を唱えていくと、その功徳をもって、上七代、上無量生にわたる様々な先祖代々の追善供養を行うことができるのであり、また今度は下七代、下無量生にわたる人達に功徳を及ぼすことができるのです。そして、それは今、私達自身が、どのように生きるか、どう信心していくかにかかっているのであります。

その我々の信心において、今日にあって特に大事なことは、自行化他の信心ということでありります。つまり、しっかりと自分自身が題目を唱えることとともに、しっかりと折伏をすることです。

〔夏期講習会第五期・令和元年十一月号44ページ〕

二十一、魔も騒がないような信心では功徳はない

法華経の勧持品には、

「悪鬼入其身（悪鬼其の身に入る）」（法華経三七七ページ）

と、油断していると悪鬼が入ってきて、成仏の直道を歩もうとする我々の信心を邪魔すると説かれているのです。

これは、たとえ等覚の菩薩であったとしても、元品の無明、つまり根本・根源の迷いという大悪鬼がその身に入って、法華経という妙覚、究極の悟りの功徳を妨げるのです。ましてや、等覚以下の人々においては、なおさらのことであります。

また、第六天の魔王が妻子の身に入って親とか夫を誑かしたり、あるいは国王の身に入って法華経の行者を脅したり、さらには父母の身に入って、孝養の子供、つまり親孝行の子供を責めるようなこともあるのです。これは、妻子や国王、父母が悪いわけではなく、魔が入るとそうなってしまうのです。だから、それらの人々が信心をしていれば、魔が入ってこない場合もあります。しかし信心が弱いと、まさに「悪鬼入其身」で魔が入ってしまい、そういった悪いことをしたりするのです。

だから、そういった隙を見せてはいけないのです。信心の隙を見せると、悪鬼が入ってきて様々に私達をだまし、今度は私達がおかしくなってしまう、つまり私達が父母、兄弟、親戚縁者、あるいは知人の信心を妨害するようになってしまうのです。

その悪鬼を身に入らせないためには、お題目しかありません。お題目を唱えて自行化他にわたる信心をしっかりしていれば、悪鬼は寄りついてこないし、魔も寄りついてこないのです。（中略）

つまり、魔も騒がないような信心をしていたのでは、功徳はないということです。だから、少しぐらいお題目を唱えるだけで、折伏もしないような信心で満足していてはだめで、魔が来ても大丈夫なような信心をしていかなければなりません。

正しい仏法を行じていこうとすれば、必ず魔が競い起こってくるのだから、大聖人様は『兵衛志殿御返事』に、

「凡夫の仏になる又かくのごとし。必ず三障四魔と申す障りいできたれば、賢者はよろこび、愚者は退くこれなり」（御書一一八四ページ）

と仰せられ、三障四魔が現れてきた時に、賢者となって三障四魔と戦いきっていくか、あるいは愚か者となって三障四魔に負けていくか、ここに成仏・不成仏の大きな違いが出てくる

のです。

つまり、様々な難や障魔が起きた時こそ、それを変毒為薬し、大利益を得る絶好のチャンスだと心得て、いよいよ強盛に信心に励むことが肝要なのであります。


〔夏期講習会第四期・平成三十年十月号50ジペー〕

二十二、心に折伏を忘れれば心が謗法となる

総本山第二十六世日寛上人は、折伏について『如説修行抄筆記』に、

「常に心に折伏を忘れて四箇の名言を思わずんば、心が謗法になるなり。口に折伏を言わずんば、口が謗法に同ずるなり。手に珠数を持ちて本尊に向かわずんば、身が謗法に同ずるなり。故に法華本門の本尊を念じ、本門寿量の本尊に向かい、口に法華本門寿量文底下種・事の一念三千の南無妙法蓮華経と唱うる時は、身口意の三業に折伏を行ずる

者なり。是れ則ち身口意三業に法華を信ずる人なり云云」（御書文段六〇八ページ）

と御指南あそばされております。

この御文中、心に折伏を忘れれば心が謗法となり、口に折伏を言わなければ口が謗法となり、本尊に向かわなければ身が謗法となるとの御指南を拝する時、一生成仏を期す私どもの信心において、いかに折伏が大事であるかを知らなければなりません。

大聖人様は『如説修行抄』に、

「正像二千年は小乗・権大乗の流布の時なり。末法の始めの五百歳には純円一実の法華経のみ広宣流布の時なり。此の時は闘諍堅固・白法隠没の時と定めて権実雑乱の砌なり。敵有る時は刀杖弓箭を持つべし、敵無き時は弓箭兵杖なにかせん。今の時は権教即実教の敵と成る。一乗流布の代の時は権教有って敵と成る。まぎらはしくば実教より之を責むべし。是を摂折の修行の中には法華折伏と申すなり」（御書六七一ページ）

と仰せであります。（中略）

この時に当たり、私どもは一人も漏れることなく、御宝前に固くお誓い申し上げた折伏誓願は、何があっても必ず達成すべく、勇猛果敢に折伏を行じていかなければなりません。もし、この大事な時に、折伏を忘れるようなことがあれば、悔いを万代に残すことは必定であります。

『南条兵衛七郎殿御書』には、

「いかなる大善をつくり、法華経を千万部書写し、一念三千の観道を得たる人なりとも、法華経のかたきをだにもせめざれば得道ありがたし」（同三二二ジペー）

と仰せであります。

この御金言を一人ひとりが心に刻み、もって勇猛果敢に折伏を行じ、誓願達成へ向けて全力を傾注していくことが、今、最も大事であります。

〔八月度広布唱題会・令和元年九月号67ジペー〕

二十三、少しでも謗法は謗法

不幸の根源は謗法にあるのです。だから、その謗法を断たなければ、絶対に幸せになれないのです。我々が注意しなければならないのは、知らず知らずのうちに謗法を犯すということであります。だから、常にお題目をしっかり唱えて、折伏をしていけば、そういう懸念はなくなるのです。つまり折伏をしていけば、謗法を破折するわけですから、そのほか万般にわたっても気を遣っていけるのであります。

このなかで大事なのが「何に法華経を信じ給ふとも、謗法あらば必ず地獄にをつべし」という一文です。一生懸命、勤行もしている。お寺の行事にも出ている。一往、人に信心の話もしている。そういう人でも、やはり気をつけなければならないのが謗法で、いつの間にか謗法に与同してしまうことがあれば、絶対に幸せになれないし、成仏はできないのです。（中略）ですから、謗法は絶対にいけないのです。少しぐらいという考えはだめです。

だいたい、少しの謗法などないのです。少しでも何でも、やはり謗法は謗法なのです。だから、まさにこの「何に法華経を信じ給ふとも、謗法あらば必ず地獄にをつべし」の御文において、大聖人様は厳しく、謗法をすると地獄に堕ちるぞとおっしゃっているのです。このことを、私達はよく知らなければなりません。

極端に言えば、いい加減な信心をしていると、どうしてもそういうことになってしまうのです。だから、やはりお互いに気をつけていかなければならないのであります。

〔夏期講習会第二期・平成三十年八月号36ジペー〕

二十四、唱題こそが折伏活動の源泉

折伏に欠かすことができないのが唱題であります。

『一生成仏抄』には、

「一念無明の迷心は磨かざる鏡なり。是を磨かば必ず法性真如の明鏡と成るべし。深く信心を発こして、日夜朝暮に又懈らず磨くべし。何様にしてか磨くべき、只南無妙法蓮華経と唱へたてまつるを、是をみがくとは云ふなり」（御書四六ページ）

と仰せられています。

すなわち、唱題は一切の仏道修行の根本であり、成仏得道のためには最も大切なる行であります。

つまり、曇った鏡も磨けば必ず立派な明鏡になるように、深く信心を発こして、日夜朝暮にまた懈らず、ただ南無妙法蓮華経と唱え奉れば、邪見・俗念に妨げられている迷いの心も、必ず悟りに転ずることができると仰せられているのであります。

さらに『持妙法華問答抄』には、

「願はくは『現世安穏後生善処』の妙法を持つのみこそ、只今生の名聞後世の弄引なるべけれ。須く心を一にして南無妙法蓮華経と我も唱へ、他をも勧めんのみこそ、今生人界の思出なるべき」（同三〇〇ページ）

と仰せであります。

すなわち、末法の題目は、自行のみにとどまるのではなくして、自行化他にわたりての題目であります。つまり、唱題と折伏は一体であり、唱題こそが折伏活動の源泉となるのであります。唱題によって、折伏に際して最も必要な慈悲の心と智慧が具わり、真の勇気が生まれてくるのであります。

大聖人様は『阿仏房尼御前御返事』に、

「章安の云はく『慈無くして詐り親しむは即ち是彼が怨なり』等云云」（同九〇六ページ）

と仰せであります。

慈悲とは相手の苦を取り除き、楽を与えることであります。友人や親戚、周りの人達に対して、慈悲の心を持たないで、ただ世間的、表面的に仲良く付き合っていくということは、実は相手にとって怨にこそなれ、けっして為にはならないのであります。

折伏は、たとえ相手が我々を嫌い、悪口罵詈し、誹謗しようが、毅然として、謗法の害毒の恐ろしさを教え、真実にして唯一絶対の即身成仏の教えである大聖人の仏法に帰依せしめることでありますから、その行動の原点に唱題がないと魔に負けて、途中で気持ちが挫けてしまうのであります。したがって、折伏に当たっては、しっかりと唱題することが肝要であります。

〔唱題行（一月三十一日）・平成二十二年三月号53ジペー〕

二十五、唱題と折伏は一体

御本尊様への絶対信を持って唱題に励んでいけば、講中は必ず見違えるように変化をします。そしてまた、折伏誓願も必ず達成されることは疑いありません。（中略）唱題に励むことが、一切を解決するすべてであります。

その場合には、覚悟つまり決意を持って唱題することが大切であります。ただ漠然と唱題するのではなく、しっかり祈りを込めて唱題することが大切だと思います。

したがって、全国的に見ると、折伏の盛んな支部というのは、まず住職と講頭および幹部、そして講員が一体となって唱題行に励み、折伏達成の御祈念をしております。五時間唱題あるいは十時間唱題と、徹底的に唱題に励んでおります。その唱題の功徳と歓喜をもって折伏に打って出るから、折伏の達成率が高いのであります。

自行化他と言われるように、唱題と折伏は一体であります。つまり、自行と化他は一体でなければなりません。同じように、唱題と折伏は一体であります。

したがって、今、申し上げました通りに、まず唱題をしっかりする。しかし、唱題が唱題だけに終わるのではなくして、その功徳と歓喜をもって折伏に打って出るということが、極めて大切であります。このことを、皆様方にはよくよく、しっかりと銘記していただきたいと思います。

したがって、もし唱題がしっかりと行われていませんと、そこに必ず魔が入るのです。唱題をしないと、そういうすきまを自分自身や講中に作ってしまうのです。

しかし、魔はどんなに強くても仏様には勝てないのです。だから、我々がしっかりと題目を唱えていけば、必ずその魔を打ち破っていくことができるのであります。

魔というのは、我々が少しでも油断をしますと、どこからでも入り込んでくるわけでありますから、常に題目をしっかりと唱えて境界を高め、この魔を打ち払っていくということが大切であります。つまり、魔の進入を防ぐ道は唱題をすることであり、このことが大切であります。

そして、もう一つ大切なことは動くことであります。よく言われるように、動いていない水というものは腐ってしまいます。船の水は腐らないと言います。それは、船はいつも揺れ動いていて、水も動いているから腐らないのです。でも水をそのままじっとさせておくと、ボウフラが涌いてくるのです。

だから、動きを止めない。それは何かと言えば折伏であります。折伏の動きを止めないということが、魔が入る余地を残さないことになるのでありますから、唱題をして動く、折伏に動く、これを徹底していけば、必ず魔は退散します。また、そのようでなければならないということであります。

〔法華講講頭会・平成二十五年五月号46ジペー〕

二十六、慈悲と勇気と確信

そもそも、折伏は相手の幸せを願う慈悲行であります。そして、私どもが折伏に対する心得として、まず持つべきものは、この慈悲の心と、真の勇気と、大御本尊様に対する絶対の確信、この三つであります。

折伏は、謗法の害毒によって知らず知らずのうちに不幸に喘ぎ、落ち込んでいる相手の苦しみを取り除き、楽しみを与える、真の優しさ、すなわち慈悲の心をもって行ずることが大事なのであります。そして、大御本尊様への絶対的確信のもと、勇気を持って折伏を行じていくことが肝要であります。

講中がそれぞれ補い合い、異体同心して折伏を推進していけば、必ず講中全体に折伏の気運が高まり、折伏推進の大きな原動力となっていくのであります。

もちろん、困難もあります。折伏をすれば、あらゆる障魔が競い起きることは必定であり

ます。しかし、

「末法に於て今日蓮等の類の修行は、妙法蓮華経を修行するに難来たるを以て安楽と意得べきなり」（御書一七六二ページ）

との御金言を拝し、一生成仏のためには困難や、あるいは苦難がたとえ襲いきたろうとも、かえってそれを喜ぶべきことであると心得て、一層の精進をしていくことが肝要なのであります。

〔法華講講頭会・令和元年五月号45ページ〕

二十七、普段着の折伏

先般、私は台湾へ行ってまいりました。（中略）その台湾の勢いと申しますか、非常にみんなが明るく伸びやかに信心している姿が、ありありと見えているのであります。そして、我々もそういったところを見習っていかなければならないのではないかと思いました。

実は、最終日に総統府に行きまして、その時に係の局長さんに案内していただきまして、その方の要請もありまして記念写真を撮ったのでありますが、総統府に勤めている方のなかに御信心をしている方がいらっしゃったのです。我々が行きました時に、その方々も一緒に来られまして、記念写真を撮って、記念品などを交換しながら雑談に入りましたら、総統府に勤めている方が私の目の前で、上司である局長さんに折伏をするのです。一生懸命に「一緒に南無妙法蓮華経をやりましょう」と折伏をするのです。なんと言いましょうか、普段着の折伏とでも言うのでしょうか、すべてにわたって折伏に対するきっかけ、情熱を持っていらっしゃるのです。本当にそのような普段着の折伏があるわけで、こういったところに台湾が伸びてきた元が存するのではないかと思います。（中略）

我々も広宣流布を願う宗団としまして、普段着の折伏と申しますか、いつでもどこでも折伏できる、そういう気持ちを持っていかなければいけないのではないか、また、それを実践していかなければならないのではないかと思います。

とかく折伏といいますと、構えてしまいますから、相手が驚いてしまうのではないかと思うのです。ですから、台湾の方々のように、もっともっと普段着の折伏をしていくことが、（中略）目標達成のための一つのポイントになるのではないかと、このように感じた次第であります。

〔立正安国論正義顕揚七百五十年記念局委員会・平成二十二年四月号17ジペー〕

二十八、折伏（しゃくぶく）してますか？

人間関係は複雑でありますから、いきなり折伏（しゃくぶく）をすることはできなかったとしても、やはり先程も言いました通り、まず、この信心について説明していくなど、色々なやり方が当然、あるわけであります。この人は折伏しなくてはいけないなと思っていても、どうしても、何か自分を邪魔するものがあって折伏できない、といった人がいたら、しっかりとお題目を唱えてください。そして、朝夕（ちょうせき）の勤行（ごんぎょう）の時に折伏の御祈念（きねん）をしていくのです。すると必ず、その人に声を掛けることができます。

しかも、その声を掛けるというのも、先程言った通り、けんか腰ではいけません。優しく「この信心をやってみませんか」、また「私は日蓮正宗の信心をしております。この信心は一番尊く、正しい教えなのです。あなたもどうですか」というふうに、声を掛けていくのです。それをしない者は「仏法の中の怨」だと、大聖人様は厳しくおっしゃっているのです。

ですから、この反対に「若し能く駈遣し呵責し挙処」する者は「是我が弟子、真の声聞なり」と、きちんと折伏する人は本当の仏様の弟子であるとおっしゃっているのです。

つまり、謗法の者を見て、そのままにしておいて破折もしない、折伏もしないならば、その者は仏法のなかの怨であり、よく駈遣し呵責し挙処する者は真の仏弟子であるということです。ですから、真の仏弟子と、折伏をしない者との功徳の差は、歴然としているのです。

どうして私は、これだけ一生懸命やっているのに幸せになれないのかなあ、というような人は、よく考えてみてください。折伏してますか。自分のことばかり考えているのではありませんか。もし、それだと小乗仏教になってしまいます。小乗仏教を、いくら頑張っても成仏できません。やはり大乗の仏教精神に立って、我れのみならず、また他の人をも幸せにしていこうという気持ちをしっかり持っていかなければなりません。だから、色々な人に声を掛けて、折伏することが大事なのです。〔夏期講習会第二期・平成二十九年八月号52ジペー〕

二十九、心を込めた折伏を

折伏は、いくら考えてもできません。頭で考えるだけでできますか、違うでしょう。折伏は、折伏を実践しなければ、折伏をしたことにならないと、よく言うでしょう。だから、折伏をするのです。ここに、大御本尊様の本当に大きな功徳を頂いて、我々の命が無限に開かれてくるのです。

そもそも折伏というのは、相手の幸せを願って行うものであります。この世の中が少しでもよくなるように、心を込めて折伏をすれば、話術とか、色々なテクニックの有無ではなくして、諸天善神の加護のもとに必ず成就(じょうじゅ)することができるのです。私達が心を込めて折伏すれば、必ず諸天善神は私達を護(まも)ってくれます。

結局、折伏は、できないのではなく、やらないからできないのです。だから、やれば必ずできるのです。大聖人様の弟子檀那(だんな)たる者ならば、たとえ一文一句(いちもんいっく)なりとも、折伏することが肝要(かんよう)であります。『諸法実相抄』のなかで、大聖人様は、

「力あらば一文一句なりともかたらせ給ふべし」(御書六六八ジペー)

と、たとえ一文一句なりとも折伏をしなさいとおっしゃっております。

本日お集まりの方々一人ひとりが、本当に「一文一句なりともかたらせ給ふべし」という大聖人様の御聖訓(せいくん)をしっかりと身に体(たい)して折伏に励めば、本年度の誓願は必ず達成できます。折伏は、やれば必ずできるのです。御本尊様の広大無辺なる御慈悲も、そして諸天善神の加護も加わって、必ずできるのです。

お題目をしっかり唱えて折伏をする、これが私達の信心の原点であります。それが、世の中のためでもありますが、同時に、自分自身の一生成仏(じょうぶつ)のためでもあるわけです。このこと

を念頭に置いて、これからもしっかりと頑張っていただきたいと思います。

〔夏期講習会第二期・平成二十九年八月号56ジペー〕

三十、慈悲の言葉が相手の心を揺さぶる

『聖愚問答抄』には、

「此の妙法蓮華経を信仰し奉る一行に、功徳として来たらざる事なく、善根として動かざる事なし」（御書四〇八ジペー）

と仰せられ、『内房女房御返事』には、

「妙法蓮華経と申し候は一部八巻二十八品の功徳を五字の内に収め候。譬へば如意宝珠の玉に万の宝を収めたるが如し。一塵に三千を尽くす法門是なり」（同一四九〇ジペー）

と仰せられ、妙法蓮華経の功徳の広大なることを、あらゆる願いをかなえる「如意宝珠の

玉」に譬えて示されているのであります。

私どもは、これらの御金言を心肝に染めて、一日も早く、また一人でも多くの人々に、強い確信を持って三大秘法の大御本尊を持ち、南無妙法蓮華経と唱え奉る功徳により、いかなる人でも、煩悩と業に苦しむ我が身を、法身・般若・解脱の三徳と開き、現当二世にわたり、真実の幸福境界を成就することができることを心を込めて説き、折伏を行じていくようにしなければなりません。

では、その強い確信に立つためにはどうすればよいのか。それは勤行・唱題にしっかりと励んでいくことであります。御本尊に真剣に祈り、相手を思う真心と強い確信が命の底から涌き上がってきた時、その燃えるような一念の慈悲の言葉は、必ず相手の心を揺さぶらずにはおかないのであります。

要は、唱題の功徳と歓喜をもって折伏に打って出る、これが折伏達成の秘訣であります。

〔十二月度広布唱題会・平成二十四年一月号62ページ〕

三十一、己れの信心を総点検

『祈祷抄』には、

「大地はさゝばはづるゝとも、虚空をつなぐ者はありとも、潮のみちひぬ事はありとも、日は西より出づるとも、法華経の行者の祈りのかなはぬ事はあるべからず」

（御書六三〇ジペー）

とございます。

法華経の行者の祈りのかなわないことはないと、ここで仰せであります。

しかるに、祈りがかなわず、折伏が思うようにできないところや功徳を感じていないところがあったとすれば、気を引き締め、目標達成へ向かって全力を傾注していくべきであります。

私達は、同じ御本尊様を拝んでおります。御本尊様の功徳に差はありません。大聖人は、

「御いのりの叶ひ候はざらんは、弓のつよくしてつるよはく、太刀つるぎにてつかう人の臆病なるやうにて候べし。あへて法華経の御とがにては候べからず」（同九七五ページ）

と仰せであります。

祈りがかなわないところ、あるいは折伏が思うようにできないところ、結局それは、我々の信心の厚薄によると思います。己れの信心に問題がないかを、今、よく点検する必要があるのではないでしょうか。

「法華経はよきつるぎなれども、つかう人によりて物をきり候か」（同一二九二ページ）

とあります。（中略）是非、この御金言を拝して、己れ自身の信心を総点検し、体勢を立て直して誓願達成へ向けて頑張っていただきたいと、このように思います。

〔立正安国論正義顕揚七百五十年記念局委員会・平成二十三年七月号77ページ〕

三十二、この信心をしてみませんか

「お題目さえ唱えていれば、それでいい」というのは自行のお題目で、我々は自行化他の信心でなければならないのです。『諸法実相抄』に、
「一文一句なりともかたらせ給ふべし」（御書六六八ジペー）
との御指南がありますが、これが大事なのです。
折伏はけんかではありませんから、やっつければなんでもいいというものではありません。あくまで慈悲行であり、慈悲のひとことが大事なのです。「この信心をしませんか」あるいは「お寺に一緒に行きませんか」「座談会に参加しませんか」と、そのようにしてきちんとお話をしていけばいいのです。これがないと、どこかで邪義邪宗の魔につけ入られて、そこから信心に破綻を起こすのです。そうすると、人生にも必ず破綻を起こしていきます。だから、私達は常に折伏を心掛けていかなければならないのです。

今日の混乱の原因は、すべて邪義邪宗の害毒であります。ならば、その邪義邪宗の害毒を、だれが破折するのかと言えば、私達です。一文一句なりともさせていただくのです。大げさに、鉄兜をかぶって戦いをするのではなく、ごくごく自然に、となりの人を折伏すればいいのです。それも「この信心をしてみませんか」というように、穏やかでいいのです。

折伏というと目の色を変え、けんか腰でする人がいるけれども、まあ皆さんはそのようなことはないと思いますが、それでは相手もびっくりして、だめになってしまいます。そうではないのです。普段の生活のなかで自然に、きちんと法を説いていくことが大事なのです。もちろん、邪義邪宗に対しては厳しく破折しなければいけません。でも、初めからけんか腰で、鉄兜をかぶってというのもいけません。だから、折伏の時には、やはりお題目をしっかり唱えていくのです。お題目を唱えて仏様の智慧をたくさん頂き、折伏に行けばいいのです。あくまでも慈悲の心を持って、その人を救っていかなければなりません。たしかに、今言った通り、折伏をしなければ波風も立ちません。しかし、それでは本当に我々自身も救われていかないのです。大事なのは自行化他でありますから、このことをしっかり念頭に置いて、だれにでも「この信心をしてみませんか」というように声を掛け、下種していくことが大事であります。

〔夏期講習会第五期・平成三十年十一月号32ジペー〕

三十三、お寺に行こうよ

とかく、相手が思うように言うことを聞かないと一方的に断念して、折伏を途中で諦めてしまいがちであります。仮りに、そのようなことがあるとすれば、それはまさしく無慈悲の至りであります。

相手がかたくなに反対しても、そのあと相手の心境が変わって入信に至ることはよくある話であり、折伏の縁を断ち切るのではなくして、根気よく折伏を続けていくことが大事であります。

そして、それは一人ではなく、講中全員で折伏をしていくのです。百人の講中があれば、百人の力で折伏をしていくのです。まさに、このことを異体同心と言うのではないでしょうか。一人だけが、せっせ、せっせとやるのではなく、みんながそれぞれの分々に応じて折伏をしていく、このようなことが今、最も大事であろうと思います。

つまり、下種(げしゅ)折伏した私達のひとこと、ひとことが、必ず相手の耳朶(じだ)に残って入信に至るわけでありますから、何しろ途中で折伏を断念しない、そして講中こぞって折伏に参加するのです。この思想を徹底的に講中に広めることが大事です。

発展している講中では、一人や二人だけが一生懸命やっているのではなく、老若男女(ろうにゃくなんにょ)、みんなが力を合わせ、分々に応じて折伏をしております。小さな子供でも、学校の友達に「お寺に行こうよ」と誘っています。

〔法華講講頭会・平成三十年五月号54ページ〕

三十四、時を無駄にしない

「法華経をばそこばく行ぜしかども、かゝる事出来せしかば退転してやみにき。譬へばゆ湯をわかして水に入れ、火を切るにとげざるがごとし。各々思ひ切り給へ」と仰せであります。

過去無量生の間には、法華経を強盛に修行したこともあっただろうけれども、命を捨てるほどのことがあれば、たちまち退転してしまったではないか。例えば、湯を沸かしても、中途で水に入れれば、結局、その湯は元の温度に戻ってしまう。また、火を起こすに、まだ火が出ていない途中でやめてしまえば、火を起こすことができないようなものである。まさしく法華経の修行も、命を捨てるほどの覚悟がなければ、成仏の大果を得られないのであると、厳しくおっしゃっているのであります。

このように、命を捨てるとか、あるいは命を惜しむということがありますけれども、その命とは何かという問題は、たしかにあります。これについて、ある方が「命とは時間である」とおっしゃっていました。つまり、我々が命を惜しむというのは、何かとっぴもない、戦国時代のような状況が起きて、むやみに命を捨てるという意味ではないのです。むしろ、それは「時」という言葉に代えてみて、時を惜しむ、時を無駄にしてはいけないと考えてもいいのです。

「一心欲見仏　不自惜身命（一心に仏を見たてまつらんと欲して　自ら身命を惜しまず）」とありますように、妙法広布に生きる、生きている時間を惜しまないということで、一生懸命に広布のために戦いきりなさい、無駄にしている時間はありませんよ、というように解釈もできるのであります。

ですから「一心欲見仏　不自惜身命」と言うと、命などいらないのだと、乱暴なように思いがちでありますけれども、よく考えてみると、やはり我々が生きているこの時間を大切にしろ、この時間を尊い広布のために尽くしていけ、それが一生成仏につながっていくのだぞ、とおっしゃっているのではないかと思われます。

ですから我々は、まさに信心強盛にして自他共の幸せを願い、一生成仏、そして一切衆生救済の方途たる折伏を、真剣に行じていかなければならないと思うのです。

〔夏期講習会第一期・令和元年七月号26ページ〕

三十五、怒りは身を滅ぼす元

やはり、怒りというのは身を滅ぼす元です。我々にも時々、短気になって、怒らなくていいところを怒って、けんかになってしまうようなことがありませんか。その時は、お題目を唱えるのです。怒りが込み上げてきたら、お題目を唱える。そこでしっかりとお題目を唱えれば、その怒りは必ず収まります。大聖人様も四条金吾に対して、怒りは自分を滅ぼすものですよと注意されているのです。

折伏でも、そうです。折伏していて、相手がなかなか言うことを聞かないと、怒り出す人がおります。あれはだめです。怒ってしまっては、折伏になりません。その時には一遍、身を引いて、次にまた行くとか、色々方法があります。相手が怒ってきても、自分は泰然として、にこやかな顔で折伏していきませんと、折伏がけんかになってしまうことがあるのです。けっして、けんかをしに行っているのではないのですから、そういうところは皆さん方は重々解っていらっしゃると思うけれども、よく注意して折伏しましょう。（中略）よく「口は災いの元」と言いますが、皆さんも、そのような経験が一回や二回はあるのではないでしょうか。このことをおっしゃっているのです。

我々にとっても、怒りはタブーであります。そのためには、しっかりとお題目を唱えて、我々自身が、わずかのことに動揺して、怒ることをやめていけばいいのです。（中略）それには、まず己れ自身がしっかりとお題目を唱えていくことが大事であります。お題目の功徳によって、怒る心も、きちんと収まるのです。そして、お題目をしっかり唱えていけば、それが自然に身に付いてきます。これが功徳です。このことは、私が言うまでもないことだと思います。

〔夏期講習会第一期・令和元年七月号33ジペー〕

三十六、自らが変わり、相手が変わる

折伏は結局、我々の言っていることを、相手が信じてくれなければ何もなりません。相手の信頼に足る言葉、相手の信頼に足る行い、そして意がなければ、折伏は成就しないのであります。

大御本尊への絶対信をもって自行化他の信心に励む時、まさに妙法の広大なる功徳によって、自らが変わり、相手が変わり、折伏成就に至るということを、よくよく知らなければなりません。一人ひとりがこのことをしっかりと認識せられて、お題目を唱え、自らが勇気を持って折伏に出るようにしていただきたいと思います。

〔夏期講習会第一期・令和元年七月号47ページ〕

三十七、火の信心・水の信心

「抑今の時、法華経を信ずる人あり。或は火のごとく信ずる人もあり。或は水のごとく信ずる人もあり。聴聞する時はもへたつばかりをもへども、とをざかりぬればすつる心あり」と仰せです。この御文を拝して、思い当たる人はいませんでしょうか。

火の如き信心というのは、この御文にありますように、聴聞する時は燃え立つばかり、非常に盛んに、一心に御信心なさるけれども、遠ざかってしまうと、どうも捨てる心が出てくる人のことです。初めは熱しやすいが、冷めてくると、だんだんと持続性がなくなってしまうような信心です。

これは、人間の性のようなもので、だれにでも、そういった癖のようなものはあるものです。ですから大聖人様は、そのことを見抜かれ、信心の上ではしっかりと気を付けて、永続的にしていかなければいけないと、おっしゃっているのであります。

この火の信心と水の信心については、『御講聞書（おんこうききがき）』に、

「火の如しとは、此（こ）の経のいわれを聞きて火炎（かえん）のもえ立つが如く、貴く殊勝（しゅしょう）に思ひて信ずれ共（ども）、軈（やが）て消え失ふ。此（これ）は当座は大信心と見えたれ共、其（そ）の信心の灯（ともしび）消ゆる事やすし」

（御書一八五六㌻）

とおっしゃっております。

すなわち、火の信心というのはパッと燃えるけれども、その火種（ひだね）がなくなってしまうと、とたんに消えてしまう、つまり信心の姿勢をなくしてしまうということです。

これに対しまして、水の如き信心とは、「水のごとくと申すはいつもたいせ（退）ず信ずるなり。此はいかなる時もつね（常）はたいせ（退）ずとわせ（訪）給（たま）へば、水のごとく信ぜさせ給へるか」と仰せであります。

つまり、熱しやすく冷めやすい、不安定な火の如き信心ではなくして、常に滔々（とうとう）と流れて止（や）むことがない、水の如き持続性のある不断の信心が大事である、とおっしゃっているのです。（中略）滔々と流れる水は、一見、静かなようでありますけれども、絶えることなく流

れることによって、大きな岩をも削り、あるいは動かしてしまうほどの力を持つのでありま
す。

我々の信心も、そうなのです。絶えることなく信心を続けることが大事です。様々な罪障(ざいしょう)や色々な問題があっても、持続していく信心の力によって必ず、どんな大きなものでも打ち砕(くだ)くことができるのであります。

ですから、常に休みなく前進し続ける信心、具体的に言うならば、昨日よりは今日、今日よりは明日と、日々成長しながら広布(こうふ)のために挺身(ていしん)することができる信心、これが水の如き信心です。そして、いかなる苦難や困難にも負けず、一生成仏(じょうぶつ)を期して、たくましく修行するなかで、自他共の幸せを招来(しょうらい)していくのが最高の信心であると、大聖人様はおっしゃっているのであります。

〔夏期講習会第二期・令和元年八月号25ページ〕

三十八、両親への折伏

建治二（一二七六）年四月、日蓮大聖人様が御年五十五歳の時、池上右衛門大夫宗仲・兵衛志宗長の兄弟に与えられたので『兄弟抄』と言うのであります。

この宗仲と宗長の兄弟は、鎌倉幕府の作事奉行であった池上左衛門大夫康光の子供で、四条金吾殿などとほぼ同じ時期の建長八（一二五六）年ごろに大聖人様に帰依したと言われております。

ところが、父の康光は極楽寺良観の熱心な信奉者であったため、兄の宗仲は二度にわたって勘当をされたのであります。そうしたなかで、大聖人様から励ましのお手紙を頂いたのが、この『兄弟抄』であります。

その後、弘安元（一二七八）年には、信心に反対をしていた父親も、念仏を捨てて大聖人様に帰依したのであります。そういうことから、池上兄弟の信心は非常に強かったことが解

ります。（中略）

さて本抄は、兄の宗仲の勘当に際しまして、大聖人様が激励されたものであります。内容は、初めに法華経が諸経のなかで最第一であることを明かされ、次に、信心をしていて難を受けるのはどうしてなのかということが説かれております。すなわち、その理由は、一つには過去世の業因により、二つには諸天が法華経の行者を試みるために種々の姿となって現れる、三つ目には第六天の魔王が父母などの身に入って悪知識となって信心を妨げる、と三つを挙げていらっしゃいます。

皆さん方のなかにも、同じような経験がある方があるのではないでしょうか。御自分一人で信心を始めた時に、お父さんやお母さんが猛烈に反対するようなことも、実際にあると思うのです。しかし、これはみんな魔が入って起こすことでありますから、その魔に負けない信心をしていけば、必ず解決することができるのです。

ですから、お父さんやお母さんを恨んではだめです。あくまで、魔を厳しく破折していくのです。そういった信心に立って、魔を破折していけば、お父さんやお母さんも必ず、私達がこの信心をすることを許してくれるようになります。それを逆らうようにして、お父さん、お母さんを恨んではだめなのです。ここが大事です。魔を破折していくなかで、自然にお父さん、お母さんも私達の言うことを聞いてくださるようになるのであります。

そういったことを説かれまして、さらに宗仲の勘当は正しい法を修行したために起きたところの難である、つまり兄弟の信心が進んできたことによるものであるのだから、これからも二人が団結し、なんとしてでも信心を貫き通していきなさいと励まされているのであります。

〔夏期講習会第四期・平成三十年十月号43ジペー〕

三十九、自他共の幸せを願う

周りの人に対して「あいつはだめだな」「幸せになれないな」「不幸だな」などと思って傍観しているのは、慈悲の心のない人間でしょう。そうではなく、そうなっている理由がなんであるかを教えてあげるのが本当の慈悲です。これが折伏につながっていくわけで、非常に大事であります。

特に世の中の人達は、色々なことを言うのだけれども、結局は無知なのです。要するに、ものを知らないということです。何を知らないかと言うと、三重秘伝の仏法があることを知らない、大聖人様の仏法があることを知らない、という意味で無知なのです。

では、その無知の者にはどうしたらよいでしょうか。教えればいいのです。大聖人様の教えがあることを教える、それが折伏の始まりではありませんか。

色々な人達がいます。不幸な人もいるし、経済的に困っている人や、人間関係で悩んでいる人もいます。この人達に、ひとことでもいいから、大聖人様の教えを教えてあげるのです。これが下種ではありませんか。

このことを忘れてしまうと、本当の御奉公はできません。それは、一人だけの信心であり、一人だけの信心は、やはり本当の信心ではないのです。ですから、この大聖人様の正しい教えを教えていくのです。それが下種折伏であります。

皆さん方はきちんとなさっていらっしゃると思うけれども、自分だけの幸せを願っていたのでは、いつまで経っても自分の幸せは来ません。自他共の幸せを願うことが、折伏の根本精神ですから、このことをしっかりと覚えておく必要があります。

〔妙祥寺移転新築落慶法要・平成三十一年四月号36ジペー〕

四十、講中みんなで育成を

各講中の組織や方針等は色々とあるでしょうけれども、講中みんなで育成を図ればいいのです。例えば、折伏（しゃくぶく）する人はどんどん折伏して、育成する人がきちんと育成するという場合だってあるでしょう。経験を積んだお年寄りの方とか、色々なことを知っている方がいらっしゃるでしょう。支部によって色々と特徴がありますから、必ずしもその通りにしろと言うのではありませんが、そういう方々が育成を担当してもいいと思うのです。折伏隊や育成隊ではありませんけれども、何しろ講中総ぐるみで折伏と育成を図っていくために、色々なやり方があっていいのではないかと思います。

折伏をしたあと、育成も一人で全部するのは大変だということもあるでしょう。今言ったようなやり方だけでなく、支部それぞれの現状をよく勘案(かんあん)し、指導教師や幹部等々と打ち合わせをして、折伏したら、その人達をどう育成するか、しっかりと方針を固めていただきたいのです。

つまり、育成というのは、折伏された人が折伏できるように育てていくことです。しかし、こういったことは一人では大変ですから、組織ぐるみで、組織が総力を結集して行っていくことが一番大事であります。そして、この折伏と育成の責任は私達にあることをしっかりと念頭に置いて、これからの戦いに臨んでいただきたいと思います。

〔夏期講習会第三期・平成二十九年九月号40ページ〕

四十一、激励に優れる指導なし

今、我々も、この広布の戦いにおいて、講中の人々が異体同心の団結が勝利の秘訣であることをしっかりと確認し、互いが励まし合い、助け合い、共に動き、共に戦い、異体同心して、全員参加の折伏戦を展開し、もって広大なる仏恩にお応え申し上げなければなりません。

大聖人は熱原法難の時、壮絶な戦いをしている熱原の人々に対して、

「彼のあつわらの愚癡の者どもいゐはげましてをとす事なかれ」（御書一三九八ジペー）

と仰せであります。「いゐはげましてをとす事なかれ」、言い励まして、激励して、「をとす」、退転させてはならないと仰せられているのであります。

激励に優れる指導はなしと言います。広布の戦いのなかで、講中の人がお互いに言い励まして、激励して、一人も退転させることなく戦いを展開していくことが、いかに大事である

かを知るべきであります。

〔法華講連合会第五十六回総会・令和元年五月号52ジペー〕

四十二、折伏(しゃくぶく)と育成で講中が栄える

大事なことは（中略）折伏(しゃくぶく)と共に育成ということをしっかり考えていかなければならないということであります。

要するに、折伏も育成も化他(けた)行なのです。つまり人を教えていく、導いていくという化他行なのです。化他行でありますから、折伏をしても勤行(ごんぎょう)も教えない、折伏も教えない、これでは子供を産みっぱなしということと全く同じでありまして、育てなければなりません。ですから、そこに育成の大事があるのです。

ただし、なかには勘違いをする人がいまして、折伏と育成を比べて、折伏といいますと積極的・攻撃的であり、育成というと消極的・保守的であって、守りという捉え方をする人が

おりますが、実際はそうではないのです。両方とも化他行で一体ですから、これをしっかりと行わないと、世代交代がうまくいかないということがあるのです。

だから、支部のなかには活動する人がいるのだけれども、その人達がだんだんと年を取ってくると、跡継ぎがいないからガタッと折伏能力が落ちてしまうということが実際にあるのです。

これではだめなのです。やはり、世代交代は時間的にも必然のものでありますから、そういう時に困らないように、のちのちの人達をしっかり育てていく、折伏の戦士を育てていくということが大事なのです。

つまり、簡単に言うと、先程も言いましたとおり、折伏をしたその人が折伏できるように、講頭以下、講中を挙げてしっかりと育成に取り組んでいく。消極的な育成ではなくして、攻撃的な、広宣流布（こうせんるふ）に向かっての前進的な育成をしていくということが、これからの戦いでは絶対に必要なのです。

その育成を続けているかぎり、その講中は栄えていきます。折伏と育成、この両方をしっかりと行っていくことによって、講中は栄えていくのです。育成のほうをおろそかにすると、講中はいつの間にか衰退（すいたい）してしまって、昔の面影（おもかげ）だけが残ったような形になってくるのです。

ここのところを、皆さん方がしっかりと肚（はら）に収めて「折伏と育成ということは共に化他行であって、これからの戦いのなかでは絶対に大事なことなのだ」という認識を持っていただき、また今年から頑張っていただきたいと思います。

〔法華講連合会初登山会各講中代表お目通り・平成二十四年二月号51ページ〕

四十三、御講参詣と御登山

折伏（しゃくぶく）したら、その人が信心強盛（ごうじょう）な信徒になるように、皆さん方の力で、さらに講中を挙げてそういう機構を作り、育成を図っていただきたいと思うのです。

御授戒を受けました、しかし受けっぱなしで、お寺にも来ない、登山もしない、全く信心がどこかに飛んでしまったというようなことでは、広宣流布の戦力にはなりません。せっかく縁あって御授戒を受け、入信なさったわけですから、やはりその人をしっかりと面倒を見ていかなければ、本当の広宣流布の戦いはできないのです。（中略）

もちろん、色々な育成方法がありましょうけれども、例えば、お寺の御講について言えば、皆さん方が、あるいは講中の人が、入信した人に電話を掛ける。今日は御講ですから、あるいは明日は御講ですから、一緒に参詣しましょうと、このように一声掛けてあげるだけで全く違ってきます。ですから、講中の人達みんなが責任を持って「御講に参詣しましょう」「御報恩御講は大事ですよ」と声を掛けていくのです。

育成というと、何か初めから難しいことを教えると思ってしまうかも知れませんが、そうではなくて、まず御講に参詣させることからではないでしょうか。

それから御登山です。やはり御講参詣と御登山、これは育成にとって非常に大事です。

「須弥山に近づく鳥は金色となる」（御書一〇五四ページ）

という御妙判は、皆さん知っているでしょう。本門戒壇の大御本尊様のましますお山に近づく者は、みんな「金色となる」とおっしゃっているのです。だから実際にお誘いして、お山にお連れする。支部総登山の時でもいいでしょう。何かチャンスがあれば、ほかの時でもいいでしょう。お山にお連れすることによって、大きな功徳を積んでいくのであります。

ですから、そのように育成というのは、折伏をしたあと、普段の時から気をつけて声を掛ける、お誘いしていく、その大きなところが、やはり御講と御登山なのです。

そして、御講に来られたら、みんなで温かく迎えて、また信心の話をする。そこで、折伏はなぜしなければならないのかといったことも、きちんとお教えすることができるのであります。そして、もう一つは、何しろ御戒壇様にお目通り申し上げる。その功徳は本当に計り知れないものがあるのであります。

〔夏期講習会第一期・平成二十九年七月号48ページ〕

四十四、一人でも多く、一日も早く

今日、世間を見ますと、末法五濁悪世の世相そのままに、コロナ感染症などによって世界中が混沌としておりますが、これらを仏法の鏡に照らして見るとき、『立正安国論』に、

「倩微管を傾け聊経文を披きたるに、世皆正に背き人悉く悪に帰す。故に善神国を捨て、相去り、聖人所を辞して還らず。是を以て魔来たり鬼来たり、災起こり難起こる。言はずんばあるべからず。恐れずんばあるべからず」（御書二三四ジペー）

と仰せの如く、「世皆正に背き人悉く悪に帰す」すなわち間違った教え、つまり謗法の害毒によって様々な事件や障害が起きることを、我々はよくよく知るべきであります。

したがって、真の世界平和と全人類の幸せを実現するためには、世界中の人々に一人でも多く、そして一日も早く、御本仏日蓮大聖人様の本因下種の仏法を下種し、折伏を行じていくことが肝要なのであります。これこそ今、我々がなすべき最も大事なことでありま

す。（中略）

　されば、私どもは、

　「総じて日蓮が弟子檀那(だんな)等自他彼此(ひし)の心なく、水魚(すいぎょ)の思ひを成(な)して異体同心にして南無妙法蓮華経と唱へ奉る処(ところ)を、生死(しょうじ)一大事の血脈(けちみゃく)とは云(い)ふなり。然(しか)も今(いま)日蓮が弘通(ぐずう)する処の所詮是(しょせんこれ)なり。若(も)し然らば広宣流布(こうせんるふ)の大願も叶(かな)ふべき者か」（同五一四ページ）

との御金言(きんげん)を心肝(しんかん)に染め、講中一結・異体同心の団結をもって、一人でも多くの人に対して真心(まごころ)からの折伏を行じ、全世界の人々の幸せと恒久(こうきゅう)平和を実現すべく、いよいよ精進(しょうじん)されますよう心から願い、本日の挨拶といたします。

〔二月度広布唱題会・令和三年三月号19ページ〕

—宗祖日蓮大聖人御聖誕八百年記念—
御法主日如上人猊下御指南抄

折伏はだれでもできる！

令和四年二月十六日　初版発行
令和四年五月二十八日　第三刷発行

編集発行
静岡県富士宮市上条五四六番地の一
株式会社 大日蓮出版

ISBN978-4-910458-07-6